TRAITÉ CRITIQUE
DU CHANT GRÉGORIEN
ET DES TONALITÉS DE L'ÉGLISE
TRAITÉ DES MODULATIONS

Nous devons supposer que le cadre de cet ouvrage n'étant pas destiné à contenir un Traité d'harmonie ; par le lecteur savche péremptoirement l'... Perfectionnement le Tableau des intervalles comme ci-dessous.

TABLEAU DE TOUS LES INTERVALLES.

NOM DES INTERVALLES	Qualité des intervalles	Représenté musicalement	Nombre de tons et des demi-tons dont ils se composent	Représenté par des chiffres
UNISSON	Entière		rien	0
	Diminuée		½ ton	0
	Augmentée		½ ton	+0
SECONDE	Diminuée		½ ton	2
	Majeure		1 ton	2
	Augmentée		1 ton et ½	+2
TIERCE	Diminuée		2 demis-tons	3
	Mineure		1 ton et ½	3°
	Majeure		2 tons	3
QUARTE	Diminuée		1 ton et 2 demis	4
	Naturelle		2 tons et ½	4
	Augmentée ou Triton		3 tons et 2 demis	+4

NOM DES INTERVALLES	Qualité des intervalles	Représenté musicalement	Nombre de tons et des demi-tons dont ils se composent	Représenté par des chiffres
QUINTE	Diminuée		2 tons et 2 demis	5
	Naturelle		3 tons et 2 demis	5
	Augmentée		3 tons et 2 demis	+5
SIXTE	Mineure		3 tons et 2 demis	6
	Majeure		4 tons et 1 demi	6
	Augmentée		4 tons et 2 demis	+6
SEPTIÈME	Diminuée		3 tons et 3 demis	7
	Mineure		4 tons et 2 demis	7
	Majeure		5 tons et 1 demi	+7
OCTAVE	Diminuée		4 tons et 2 demis	8
	Juste		5 tons et 2 demis	8
	Augmentée		5 tons et 2 demis	+8

En montant ou retournera les mêmes intervalles qu'en commençant, plus l'octave.

2°. l'accord parfait majeur, l'accord parfait min. et leurs renversements, comme suit:

3°. l'accord de 7.me dominante et ses renversements, comme suit:

4°. le premier renversement de la 7.me de seconde dans les 2 modes, comme suit:

UT majeur.   UT mineur.   en Mineur.

5°. le 1.er renversement de l'accord de 7.e diminuée, comme suit:

6°. l'accord de 6.te augmenté.

CADENCE PARFAITE

dans les trois positions, dans les quinze tons majeurs.

en Ut majeur.

1re Position.   2e Position.   3e Position.

en Sol.

1re Pos: 2e Pos: 3e Pos:

en Ré.

1re Pos: 2e Pos: 3e Pos:

en La.

1re Pos: 2e Pos: 3e Pos:

en Mi.

1re Pos: 2e Pos: 3e Pos:

en Si.

1re Pos: 2e Pos: 3e Pos:

en Fa ♯
1re Pos: 2e Pos: 3e Pos:
en Ut ♯
1re Pos: 2e Pos: 3e Pos:
en Ut nat:
1re Pos: 2e Pos: 3e Pos:
en Fa:
1re Pos: 2e Pos: 3e Pos:
en Si♭ .
1re Pos: 2e Pos: 3e Pos:
en Mi♭ .
1re Pos: 2e Pos: 3e Pos:

RÈGLE D'OCTAVE.
OU GAMME HARMONIQUE AUX TROIS POSITIONS.

Le chiffre 8 indique l'octave pour note supérieure. Le 5 la quinte et le 3 la tierce. Ainsi notera-
t-on 8, 5, 3, ou met 5, 4, quand on veut que la quinte ou la quarte passe la note supérieure. (Voyez un Traité d'harmonie.)

Toutes les gammes se modulent ainsi après celles d'Ut et de Sol indiquées; il faut faire cet exercice dans les trois positions.

ONZE MODULATIONS PARTANT DE UT MAJ: DANS DIFFÉRENTS TONS.

MODULATIONS

AU MOYEN DE L'ACCORD DE SEPTIÈME DIMINUÉE EN PARTANT D'UT, A TOUS LES AUTRES TONS.

L'accord de **SEPTIÈME** du 7.e degré de la gamme majeure, peut aussi servir pour moduler, mais comme il ne peut se résoudre qu'en **MAJEUR**, son emploie est très-restreint. Il y a encore la circonstance nuisible qu'il ne sonne bien qu'à sa position de **SEPTIÈME** et qu'une préparation de sa **SEPTIÈME** est très-désirable.

Ces trois premiers exemples sont à peu près toutes les modulations, qui peuvent se faire par ce moyen et d'une manière directe. Déjà pendant la modulation en Mi b maj: il fallait pour éviter une dureté désagréable se servir d'un accord médiateur.

Au moyen des accords médiateurs, on pourrait certainement moduler dans tous les tons majeurs, mais cela sera sans but.

Nous pouvons aussi compter parmi les moyens de moduler l'accord parfait diminué. Cependant par sa nature peu complète et par son double sens, il indique peu la tonalité.

L'accord de la 9.e peut aussi servir pour moduler. On s'en sert cependant rarement, car dans certaines positions il ne sonne pas de la meilleure manière.

MODULATIONS RAPIDES AU MOYEN DE L'ACCORD DE SIXTE SENSIBLE.

Si nous voulons moduler d'Ut majeur dans les autres tons qui nous restent d'une manière convenante, il faut le faire au moyen d'accords médiateurs comme suit:

Les accords marqués sont des accords médiateurs. Sur Ut min: on peut faire suivre immédiatement Ut maj: car les deux tonalités ont la même note fondamentale et le même accord de dominante, et l'introduction de l'accord de la dominante ne produira pas une vraie modulation. Si l'on ne veut pas faire succéder Ut min: à Ut maj: on se sert alors de l'accord de septième diminuée, du Ti-dy-ra? qui indique plus clairement la tonalité Ut min:

TABLEAU de la règle de l'octave en mode mineur sur les 7 positions.

Il faudra d'après ce Tableau étudier toutes les autres gammes mineures.

MODULATIONS DANS TOUS LES TONS EN PARTANT DE L'ACCORD DE 7e DOMINANTE.

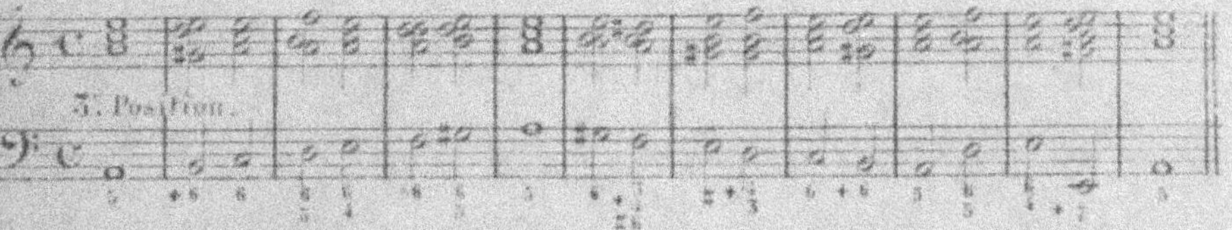

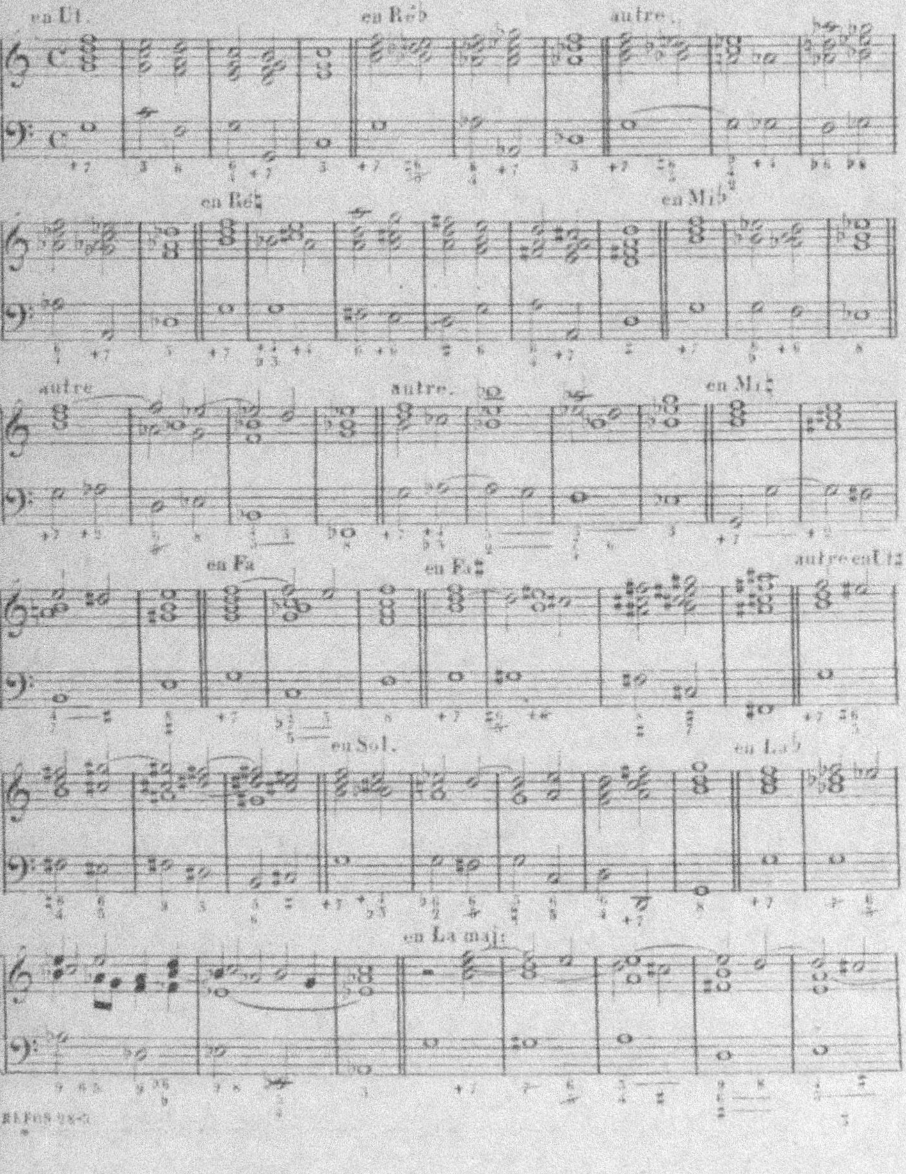

MODULATIONS BRÈVES D'UN TON MAJEUR À UN TON MINEUR.

MODULATIONS BRÈVES D'UN TON MINEUR À UN TON MAJEUR.

La modulation, consistant dans l'Enharmonie ou mutation d'une note d'un ton en une note d'un autre ton, se fait de deux manières. La première à lieu par la singulière propriété des accords dissonants, affectés des substitutions du mode mineur, qui par le changement successif de toutes ces notes, présente en apparence des accords différents quoique les sons restent les mêmes.

Enharmonique. ... Enharmonique.

monique. ... Enharmonique.

Considérant à volonté chaque son de la basse comme note sensible, second, 4... ou 6... degré, on conçoit qu'on peut établir le ton nouveau en raison de son choix, et cela donne lieu souvent à des modulations fort piquantes. La seconde manière de moduler par l'Enharmonie consiste à changer les notes de l'accord de Septième dominante en celles de Quinte et Sixte augmentée provenant de l'accord de Quinte mineur et Sixte sensible.

Enharmonique. ... Enharmonique. ... Enharmonique.

Enharmonique. ... Enharmonique. ... Enhar.

monique.

Nous pensons que ces quelques exemples suffisent au lecteur attentif. Nous faisons surtout les meilleurs Tableaux de modulations tant de l'École française que de l'École Allemande.

TRAITÉ DE CATEL.

MODULATIONS partant du ton d'Ut maj: pour aller dans tous les tons majeurs et min:

d'Ut maj en Ut maj: d'Ut maj en Ut min: d'Ut maj en Ut♭ maj:

d'Ut maj en Ut♭ min: d'Ut maj en Ré♭ maj: d'Ut maj en Ré♭ min:

d'Ut maj en Ré maj: d'Ut maj en Ré min: d'Ut maj en Si Maj:

d'Ut maj en Si min: d'Ut maj en Si♭ maj: d'Ut maj en Si♭ maj:

d'Ut maj en Mi♭ maj: d'Ut maj en Mi♭ maj:

d'Ut maj en Mi min: d'Ut maj en La min: d'Ut maj en La min:

d'Ut maj en La♭ maj: d'Ut maj en La♭ min: d'Ut maj en Fa maj:

Toutes ces modulations sont très-bonnes et même très-douces; mais elles n'établissent ni système ni principe. CATEL, dit, page 63 de son TRAITÉ: Les modulations se font principalement par les cadences; au surplus, il est difficile de leur prescrire des règles; la seule dont on ne doive jamais s'écarter, est de satisfaire l'oreille. C'est le but essentiel de la musique, et les règles ne sont créées que pour l'atteindre.

MODULATIONS D'UT MAJEUR ET MINEUR
dans tous les autres tons majeurs et mineurs
PAR ALBRECHTSBERGER.

Cet ouvrage, d'un des plus grands maîtres dans la science harmonique, que l'Allemagne ait possédés, est une œuvre qu'il faut aussi consulter.

MODULATIONS D'Ut majeur dans tous les autres tons mineurs.

1. d'Ut majeur en Ut♯ min: 2. d'Ut majeur en Ré min: 3. d'Ut majeur en Mi♭ min:

4. d'Ut majeur en Mi min: 5. d'Ut majeur en Fa min: 6. d'Ut majeur en Fa♯ min:

7. d'Ut majeur en Sol min: 8. d'Ut majeur en Sol♯ min: 9. d'Ut majeur en La min:

10. d'Ut majeur en Si♭ min: 11. d'Ut majeur en Si min: 12. d'Ut majeur en Ut min:

MODULATIONS D'Ut mineur dans tous les autres tons mineurs.

1. d'Ut mineur en Ut♯ min: 2. d'Ut mineur en Ré min: 3. d'Ut mineur en Mi♭ min:

4. d'Ut mineur en Mi min: 5. d'Ut mineur en Fa min:

6. d'Ut min: en Fa# min:
7. d'Ut min: en Sol min:
8. d'Ut min: en Lab min:
9. d'Ut min: en La min:
10. d'Ut min: en Sib min:
11. d'Ut min: en Si min:
MODULATIONS D'UT MINEUR DANS TOUS LES AUTRES TONS MAJEURS.
1. d'Ut min: en Ut maj:
2. d'Ut min: en Réb maj:
3. d'Ut min: en Ré maj:
4. d'Ut min: en Mib maj:
5. d'Ut min: en Mi maj:
6. d'Ut min: en Fa maj:
7. d'Ut min: en Solb maj:

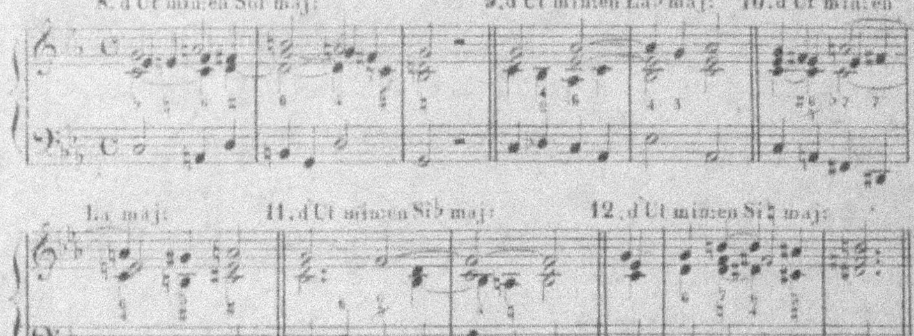

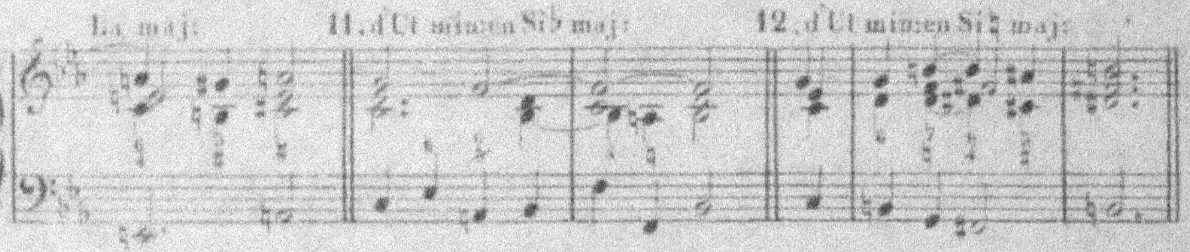

Pour bien acquérir ces modulations, il faut les travailler aux deux autres positions, et de plus les transposer dans tous les autres tons.

TRAITÉ DES MODULATIONS

PAR CH. H. RINCK. (1)

MODULATIONS à quatre parties.

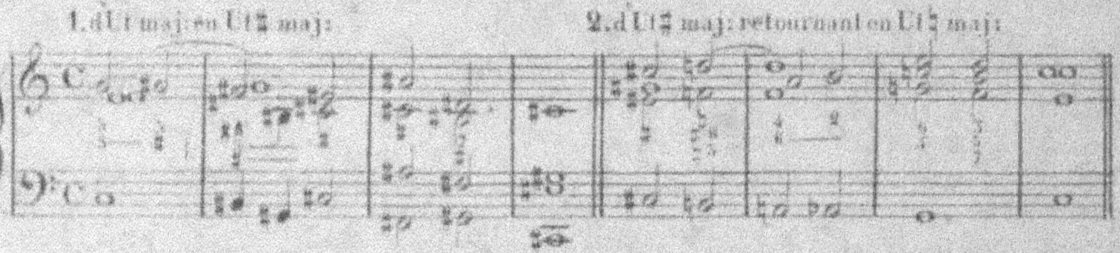

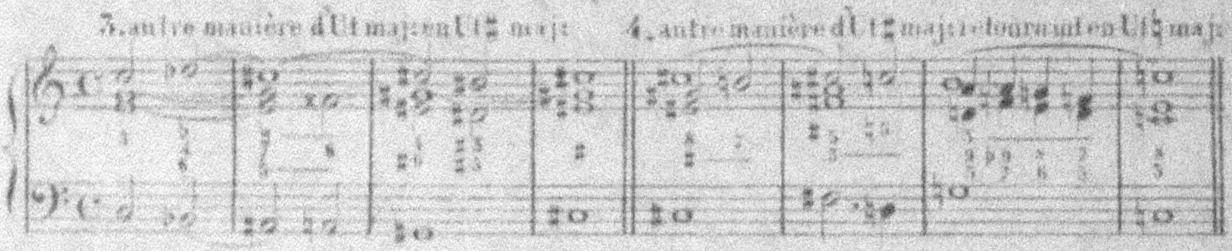

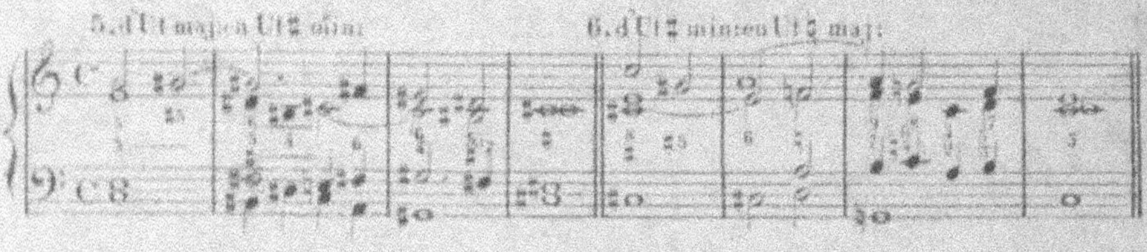

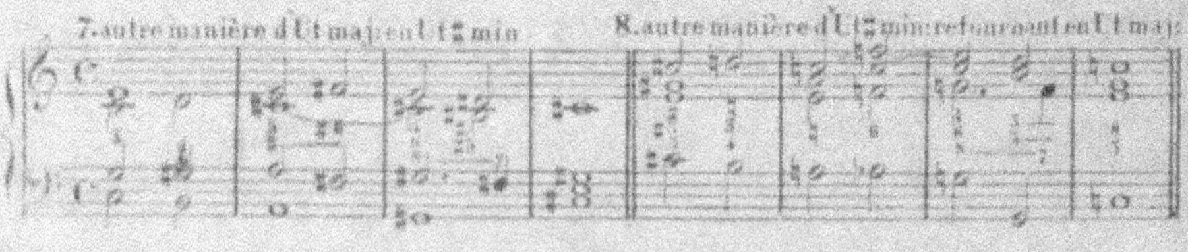

(1) *Ch. H. Rinck était un des plus célèbres organistes d'Allemagne. Il est mort à Darmstadt en 1846*

9, d'Ut maj: en Réb maj:
10, de Réb maj: retournant en Ut maj:
11, autre manière d'Ut maj: en Réb maj:
12, autre manière de Réb maj: retournant en Ut maj:
13, d'Ut maj: en Ré maj:
14, de Ré maj: retournant en Ut maj:
15, autre manière d'Ut maj: en Ré maj:
16, autre manière de Ré maj: retournant en Ut maj:
17, d'Ut maj: en Ré min:
18, de Ré min: retournant en Ut maj:
19, autre manière d'Ut maj: en Ré min:
20, autre manière de Ré min: retournant en Ut maj:

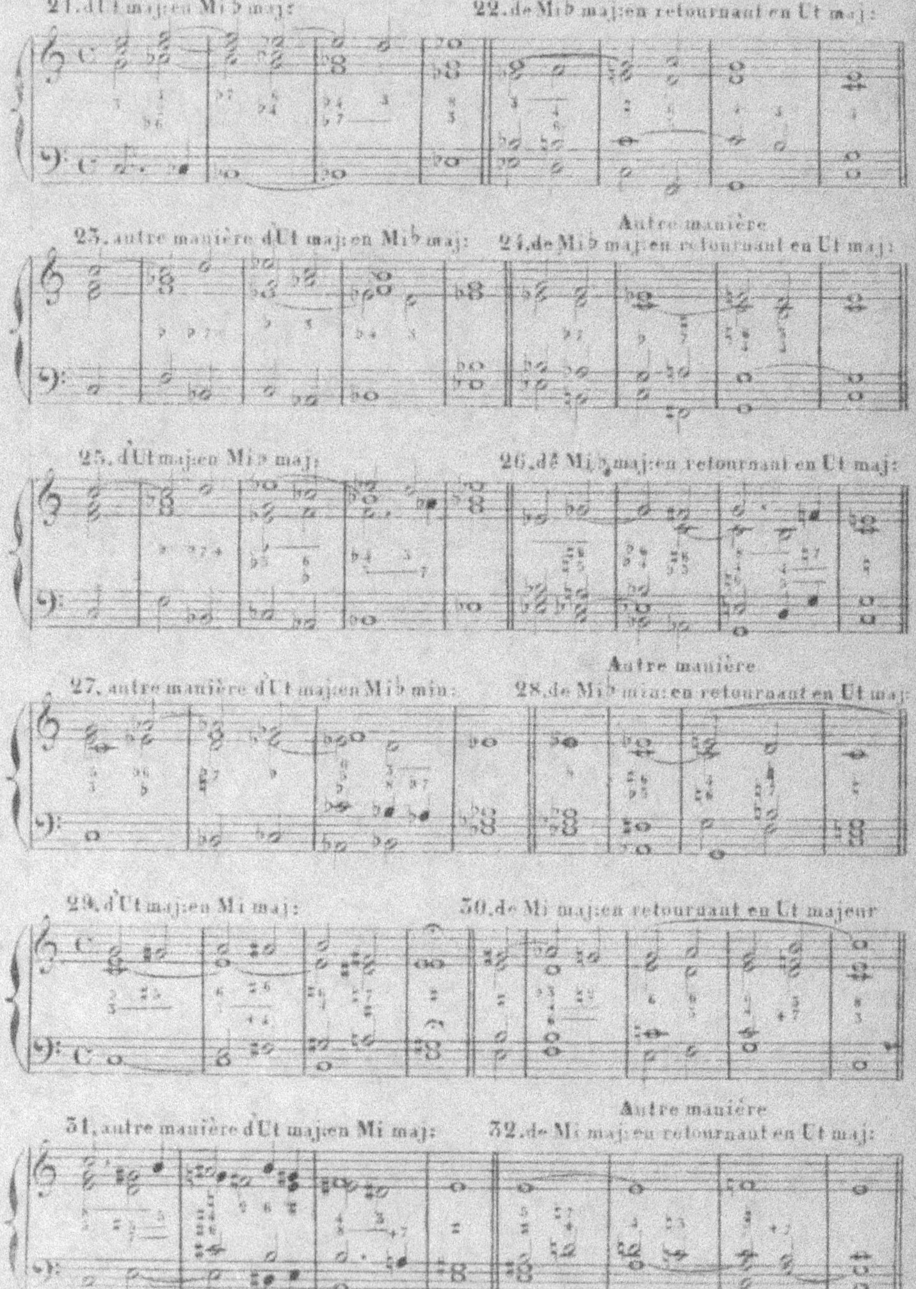
21. d'Ut maj: en Mi b maj:
22. de Mi b maj: en retournant en Ut maj:
23. autre manière d'Ut maj: en Mi b maj:
Autre manière
24. de Mi b maj: en retournant en Ut maj:
25. d'Ut maj: en Mi b maj:
26. de Mi b maj: en retournant en Ut maj:
27. autre manière d'Ut maj: en Mi b min:
Autre manière
28. de Mi b maj: en retournant en Ut maj:
29. d'Ut maj: en Mi maj:
30. de Mi maj: en retournant en Ut majeur
31. autre manière d'Ut maj: en Mi maj:
Autre manière
32. de Mi maj: en retournant en Ut maj:

33. d'Ut maj:en Mi min:
34. de Mi min:en retournant en Ut maj:
Autre manière
35. autre manière d'Ut maj:en Mi min:
36. de Mi min:en retournant en Ut maj:
37. d'Ut maj:en Fa maj:
38. de Fa maj:en retournant en Ut maj:
Autre manière
39. autre manière d'Ut maj:en Fa maj:
40. de Fa maj:en retournant en Ut maj:
41. d'Ut maj:en Fa min:
42. de Fa min:en retournant en Ut maj:
Autre manière
43. autre manière d'Ut maj:en Fa min:
44. de Fa min:en retournant en Ut maj:

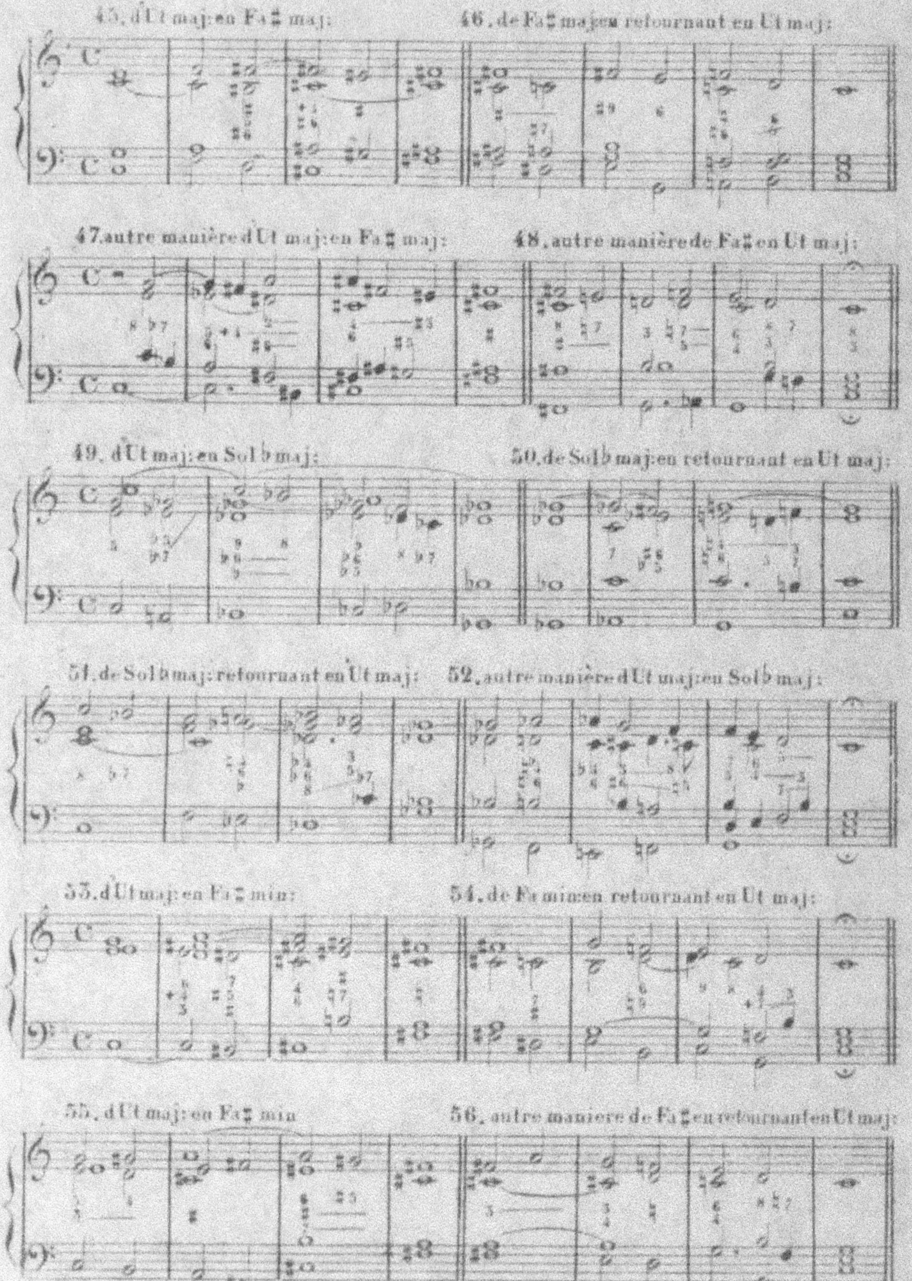

45. d'Ut maj: en Fa# maj:
46. de Fa# maj: en retournant en Ut maj:
47. autre manière d'Ut maj: en Fa# maj:
48. autre manière de Fa# en Ut maj:
49. d'Ut maj: en Sol b maj:
50. de Sol b maj: en retournant en Ut maj:
51. de Sol b maj: retournant en Ut maj:
52. autre manière d'Ut maj: en Sol b maj:
53. d'Ut maj: en Fa# min:
54. de Fa# min en retournant en Ut maj:
55. d'Ut maj: en Fa# min
56. autre manière de Fa# en retournant en Ut maj:

57. d'Ut maj. en Sol maj.
58. de Sol maj. en retournant en Ut maj.
Autre manière
59. autre manière d'Ut maj. en Sol maj.
60. de Sol maj. en retournant en Ut maj.
61. d'Ut maj. en Sol min.
62. de Sol min. en Ut maj.
Autre manière
63. autre manière d'Ut maj. en Sol min.
64. de Sol min. en retournant en Ut maj.
65. d'Ut maj. en Lab maj.
66. de Lab maj. en retournant en Ut maj.
Autre manière
67. autre manière d'Ut maj. en Lab maj.
68. de Lab maj. en retournant en Ut maj.

69. d'Ut maj:en La♭ min:
70. de La♭ min:en Ut maj:
Autre manière
71. autre manière d'Ut maj:en La♭ min:
72. de La♭ min:en retournant en Ut maj:
73. d'Ut maj:en La maj:
74. de La min:en retournant en Ut maj:
75. autre manière d'Ut maj:en La Maj:
Autre manière
76. de La min:retournant en Ut maj:
77. d'Ut maj:en La min:
78. de La min:en retournant en Ut maj:
Autre manière
79. autre manière d'Ut maj:en La min:
80. de La min:retournant en Ut maj:

81. d'Ut maj: en Si♭ maj:
82. de Si♭ maj: en retournant en Ut maj:
83. autre manière d'Ut maj: en Si♭ maj:
84. autre manière de Si♭ retournant en Ut.
85. d'Ut maj: en Si♭ min:
86. de Si♭ min: en retournant en Ut maj:
87. autre manière d'Ut maj: en Si♭ min:
autre manière
88. de Si♭ en retournant en Ut maj:
89. d'Ut maj: en Si maj:
90. de Si maj: en retournant en Ut maj:
autre manière
91. autre manière d'Ut maj: en Si maj:
92. de Si maj: en retournant en Ut maj:

93. d'Ut maj:en Si min:
94. de Si min:en retournant en Ut maj:
95. autre manière d'Ut maj:en Si min:
96. de Si min:retournant en Ut maj:
TRAITÉ des MODULATIONS d'après Czerny.
d'Ut majeurs dans tous les tons majeurs.
1. d'Ut en Réb maj:
p
dim
2. le même
rall
sp
3. d'Ut en Ré:
4. d'Ut en Mib
p
Cresc:
5. d'Ut en Mi:
p
f
p

6. le même
7. d'Ut en Fa maj.
8. d'Ut en Fa# maj.
9. d'Ut en Sol.
10. d'Ut en La.
11. de même.
12. de même.

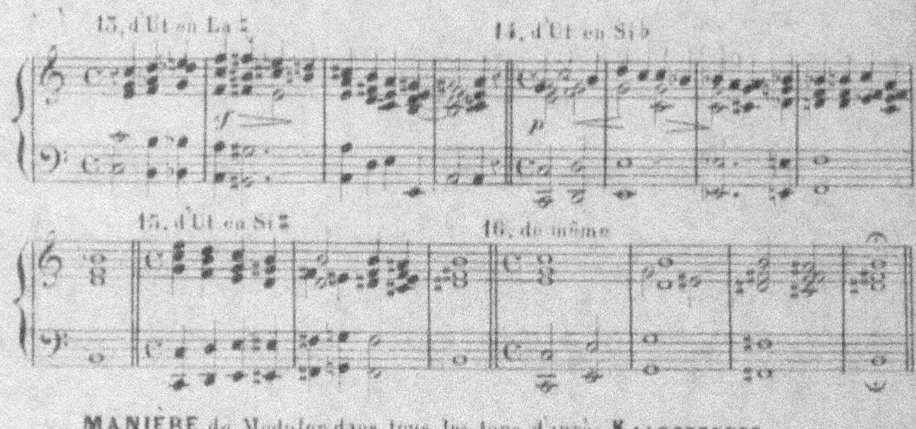

MANIÈRE de Moduler dans tous les tons d'après **KALKBRENNER.**

ET DES TONALITÉS DE L'ÉGLISE.
8. d'Ut maj. en Ré min.
9. d'Ut maj. en Si min.
10. d'Ut maj. en Si min.
11.
12. d'Ut maj. en Si♭ min.
13. d'Ut maj. en Mi♭ maj.
14. d'Ut maj. en Mi♭ min.
15. d'Ut maj. en Mi maj.
16. d'Ut maj. en La min.
17. d'Ut maj. en La maj.

18 d'Ut majeu La min.
19 d'Ut majeu Fa maj.
20 d'Ut majeu Mi min.
21 d'Ut majeu Fa min.
22 d'Ut majeu Fa # maj.
23 d'Ut majeu Fa # min.
24 d'Ut majeu Sol maj.
25 d'Ut majeu Sol min.
26 d'Ut majeu Solb maj.
27 d'Ut majeu Solb min.